Anke Klapsing-Reich

Hurra, wir leben noch!
DORSTEN
nach 1945

Wartberg Verlag

Literaturhinweis

700 Jahre Stadt Dorsten, hrsg. im Auftrage des Rates der Stadt Dorsten von Stadtdirektor Dr. W. Banke, Dorsten 1951
Dorstens Not in Zahlen. Eine statistische Zusammenstellung, hrsg. von der Amtsverwaltung Hervest-Dorsten aus Anlass der Sitzung des Kreistages Recklinghausen in Dorsten am 14. März 1949
Die Franziskaner von Dorsten feiern die Kirchweihe von St. Anna am 24. April 1952, Dorsten 1952
Dorsten nach der Stunde Null – Die Jahre danach, 1945–1950, hrsg. Wolf Stegemann unter Mitwirkung der Forschungsgruppe Regionalgeschichte/Dorsten unterm Hakenkreuz, Dorsten 1986
Peter Hardetert: 300 Jahre Ursulinen in Dorsten 1699–1999, Kloster und St. Ursula Schulen, mit einem Beitrag von S. Johanna Eichmann O.S.U., Edition Archaea, Gelsenkirchen/Schwelm 1999
Neues Leben blüht aus Ruinen. Fotodokumentation über den Wiederaufbau der Stadt Dorsten 1947/49, hrsg. von Wolf Stegemann (Forschungsgruppe Regionalgeschichte/Dorsten unterm Hakenkreuz), Dorsten 1993

Dank

Großer Dank gilt allen Leserinnen und Lesern der Dorstener Zeitung, die ihre Alben geplündert haben, um ihre Foto-Schätze für die Zusammenstellung dieses Bildbandes zur Verfügung zu stellen. Ein besonderes Dankeschön geht an den Dorstener Heimatforscher Walter Biermann, der für diese Veröffentlichung bereitwillig sein umfangreiches Bildarchiv öffnete. Vielen Dank den Mitarbeiterinnen und Mitarbeitern des Dorstener Stadtarchivs. Sie unterstützten die Recherche mit Fotomaterial, Dokumenten, Zeitungsberichten und Hintergrundinformationen. Und schließlich sei dem Fotografen-Kollegen Wolfgang Sadowski herzlich dafür gedankt, dass er sich trotz seines angespannten Redaktionsalltags die Zeit nahm, um dringende fototechnische Arbeiten für dieses Projekt auszuführen.

Autorin

Anke Klapsing-Reich M.A., Jahrgang 1961, ist Redakteurin in der Lokalredaktion der Dorstener Zeitung. Die gebürtige Dorstenerin beschäftigt sich mit lokalhistorischen Themen. Sie beteiligte sich mit mehreren Aufsätzen und Buchbeiträgen an entsprechenden Veröffentlichungen.

Fotonachweis: Die Fotos entstammen größtenteils einer Leseraktion der Dorstener Zeitung.
Die Einsender werden jeweils beim Foto genannt.
Weitere Bildgeber: Stadtarchiv Dorsten, Archiv Ursulinenkloster Dorsten.

1. Auflage 2003
Alle Rechte vorbehalten, auch die des auszugsweisen Nachdrucks
und der fotomechanischen Wiedergabe.
Druck: Thiele & Schwarz, Kassel
Buchbinderische Verarbeitung: Büge, Celle
© Wartberg Verlag GmbH & Co. KG
34281 Gudensberg-Gleichen, Im Wiesental 1
Telefon (0 56 03) 9 30 50 • www.wartberg-verlag.de
ISBN 3-8313-1377-6

Vorwort

Hanni Iwanowsky hatte Glück: Dreimal war sie unter Trümmern begraben. Den letzten, verheerenden Luftangriff auf Dorsten überlebte sie im schwer getroffenen Franziskanerkloster. „Alle hatten die Hoffnung auf Überlebende schon aufgegeben, da kamen wir plötzlich aus dem Schuttberg durch ein kleines Loch herausgekrabbelt." Hanni Iwanowsky versagt angesichts dieser Erinnerung heute noch die Stimme: „Ein Wunder, dass wir zum dritten Male überlebt hatten."

Es war ein schöner Frühlingstag, der 22. März 1945, als die Hölle vom Himmel fiel: Das Dröhnen viermotoriger Jagdbomber schwoll an, das Gebrüll unzähliger Detonationen zerriss die Luft. Eine Welle von Stahl und Feuer wogte durch die winkligen Gassen der Altstadt. 3000 Bomben hagelten zu Boden, verrichteten ihr zerstörerisches Werk. Feuer, Panik, Todesangst. In nur 30 Minuten hatten alliierte Bombengeschwader die Lippestadt in ein flammendes Inferno verwandelt. Das alte Dorsten war nicht mehr.

Ein Trümmermeer blieb zurück. Vom Essener Tor bis zum Lippetor behinderte kein Gebäude die Sicht. Mit den beiden vorbereitenden Angriffen vom 9. und 12. März 1945 waren damit insgesamt ca. 5600 Bomben auf Dorsten niedergegangen. Fast 300 Menschen hatten ihr Leben verloren. Die Innenstadt war zu 80 Prozent zerstört. Hervest-Dorsten verlor 35 Prozent, Holsterhausen 20 Prozent seiner Bauten. Die umliegenden Landgemeinden kamen glimpflich davon. Von der altehrwürdigen Pfarrkirche St. Agatha am Markt blieb nur noch ein geborstener Turmstumpf übrig, der sich fünf Jahre lang einem Mahnmal gleich über die zerstörte Stadt erhob. Kloster und Kirche der Ursulinen fielen ebenso den Bomben zum Opfer wie das Gotteshaus und Kloster der Dorstener Franziskaner. „Der schwärzeste Tag in der Geschichte Dorstens", schrieb später ein Ordensbruder nieder.

Am 29. März 1945 rückten amerikanische Besatzungstruppen ein. Eine häufig wechselnde alliierte Militärregierung bestimmte von nun an die Geschicke der Stadt. Wiederaufbau oder Neubeginn an anderer Stelle? „Geben Sie auf. Dorsten wird zur toten Stadt erklärt", wehrten die Besatzer alle Fragen nach Plänen für die weitere Zukunft ab. 110 000 Kubikmeter Trümmer türmten sich alleine in der Innenstadt. Das sind auf den einzelnen Einwohner berechnet mehr als in Dresden, Köln oder Essen.

Die Turmruine von St. Agatha bestimmte viele Jahre das Bild der Dorstener Innenstadt.

Die Meinung einiger Fürsprecher, die Stadt ganz neu, außerhalb der Trümmerstätten zu errichten, wurde schließlich verworfen. Man entschied sich, die vorhandenen Werte zu nutzen. Was war geblieben? 61 Prozent der Kanalisation, 30 Prozent des Gasversorgungs- und 50 Prozent des elektrischen Versorgungsnetzes der Innenstadt waren unzerstört. Unbeschädigt oder mit geringem Aufwand instand zu setzen waren 20 Prozent der Gebäude.

Schmerzliche Verluste hatte der Krieg den Bürgern abverlangt, doch den meisten blieb keine Zeit, ihre verwundeten Seelen zu pflegen. Also krempelten sie die Ärmel hoch, spuckten in die Hände und packten gemeinsam an. Stein für Stein trugen sie die Schuttberge unter der Leitung eines im Januar 1946 gebildeten Wiederaufbauausschusses ab. Keine leichte Aufgabe in einer Zeit, in der Hunger und Wohnungsnot den Alltag bestimmten und die Reichsmark keinen Pfennig mehr wert war. Doch allen Schwierigkeiten zum Trotz konnte Dorsten, als eine der ersten total zerstörten Städte, im Dezember 1948 melden: Die Enttrümmerung ist abgeschlossen!

Sauber, wirtschaftlich gesund, schön und liebenswert sollte das neue Dorsten aus den Trümmern auferstehen. Die Durchführung des systematischen Wiederaufbaus kam allerdings nur langsam voran, gab es doch immer wieder Querelen und unerfreuliche Auseinandersetzungen mit feilschenden Eigentümern zu überstehen. Nicht zuletzt die Währungsreform im Juni 1948 brachte den Bauboom in Schwung, und schon bald wuchsen überall Mauern aus dem Boden, wehten Richtkränze auf frisch gezimmerten Dächern. Kein Zweifel: Neues Leben blühte aus den Ruinen.

Wer überleben wollte, musste „organisieren", seine Geschäfte selber in die Hand nehmen. Wie Planten-Anna zum Beispiel, die ihre selbst gezogenen Gartenpflanzen auf dem Markt feilbot. Langsam kam die Wirtschaft auf Touren. Es durfte wieder gelacht und gefeiert werden. „Zum Tanzen gingen wir in den Party-Klub in Hervest. Da hab' ich auch meinen Mann kennen gelernt." Edith Eberwein hat auch schöne Erinnerungen an die schwere Nachkriegszeit, die sie als Flüchtling in Dorsten erlebte. Ihre große Liebe, die Hochzeit, die lustigen Feiern im Paddelclub, das erste Kind, die Familientreffen bei Mutter und die Sonntagsausflüge an den Kanal: „Viel weiter kamen wir damals nicht, dazu fehlte noch das Geld."

Langzöpfige Mädels im schmucken Kommunionkleid, stolze Kinderschützenkönigspaare, Frauen beim Einkauf, Kaffeeklatsch oder Sonnenbad am Kanal, marschierende Schützen, schwarzschlachtende Metzger, Kicker und Kanufreunde, Boxfans und Breitensportler – jedes einzelne Foto erzählt seine Geschichte. Aber nicht nur in der privaten kleinen Welt, auch offizielle Anlässe und Feierlichkeiten trugen dazu bei, dass die Kriegswunden der Bevölkerung vernarbten. Sportwettkämpfe lenkten vorübergehend von den Sorgen des Alltags ab, und welch ein Jubel brach unter den Dorstenern aus, als Günther Sladky, ein Sohn der Stadt, zum Champion unter den Amateurboxern aufstieg und 1951 sogar den Titel des Vize-Europameisters im Mittelgewicht nach Dorsten brachte!

Es sind die vielen Leserinnen und Leser der Dorstener Zeitung, die die Veröffentlichung dieses Bildbandes möglich gemacht haben. Sie folgten dem Aufruf und machten bei der Foto-Aktion begeistert mit. Vielen Dank dafür, dass Sie in Ihren Alben gestöbert und uns Ihre oft sehr persönlichen Erinnerungen zur Verfügung gestellt haben. Nicht alle, aber ein Großteil der eingesandten Aufnahmen, konnte in diesem Fotoband veröffentlicht werden. Er spiegelt ein facettenreiches Bild der schweren, aber auch schönen Nachkriegszeit, denn in Zeiten der Not rücken die Menschen näher zusammen. So verbinden viele mit der harten Aufbauzeit nicht nur Hunger, Wohnungsnot und Flüchtlingsströme, sondern auch positive Erfahrungen, wie Nächstenliebe, Hilfsbereitschaft und Zuversicht. Sie pflanzten mit ihrer Aufbauarbeit den Samen „Hoffnung" in die noch schwelenden Trümmer.

Die Saat ging schon bald auf: Nur sechs Jahre nach der völligen Zerstörung stellte Bürgermeister Schürholz anlässlich der Feierlichkeiten zum 700-jährigen Jubiläum der Stadt im Jahre 1951 fest: „Dorsten hat die Schwelle einer neuen Entwicklung bereits überschritten." Er dankte in seiner Eröffnungsrede dem großen Schöpfer dafür, dass er Dorsten zum 700. Male den Tag ihrer Stadtwerdung erleben lasse. „Zum ersten Male seit den dunklen Stunden der Zerstörung flattern über unserer Stadt die Fahnen des Bundes, des Landes und der Heimat. Sie seien uns vor allem ein Symbol des Sieges der positiven Kräfte des Lebens und des Wiederaufbaus über die negierenden Kräfte des Todes und der Vernichtung."

Der aufbrandende Jubel der feiernden Dorstener ließ keinen Zweifel daran, dass sie das richtige Lebensmotto gefunden hatten: „Hurra, wir leben noch!"

Anke Klapsing-Reich

Übrig blieben Schutt und Asche

◀ Ein Trümmermeer ließen die alliierten Luftbomber zurück, die am 22. März 1945 ihre todbringende Ladung über Dorsten abwarfen. In weniger als 30 Minuten waren 80 Prozent der Innenstadt vollständig zerstört.
(Foto: Hanni Iwanowsky)

▲ Wie ein Mahnmal ragt der Turmtorso der katholischen Pfarrkirche St. Agatha – hier von der Recklinghäuser Straße aus gesehen – aus dem Schutt am Marktplatz hervor. Die Alliierten hatten kurz nach Beendigung des Krieges strikt verboten, die völlig zerbombte Innenstadt zu fotografieren. Der Dorstener Gastwirt Franz Sures scheute dieses Risiko nicht: Er nahm seine in Schutt und Asche liegende Heimatstadt ins Visier und hinterließ der Nachwelt dadurch eine wertvolle Fotodokumentation über das verheerende Ausmaß der Kriegsschäden.
(Foto: Sures/Stadtarchiv Dorsten)

Übrig blieben Schutt und Asche

◄ Blick auf die Turmruine der Pfarrkirche St. Agatha durch die zerstörte Franziskanerkirche. Der mit Eisenbetonplatten abgedichtete Turm mit seinen elf mal elf Metern im Quadrat hatte als besonders sicher gegolten. Hier waren der kostbare Hochaltar, die Kirchenparamente und das gesamte Archiv, eins der größten der Diözese, untergebracht. Alles verbrannte im Feuersturm.
(Foto: Sures/Stadtarchiv Dorsten)

◄ Völlig zerstört wurden Kirche und Kloster des Franziskanerordens, wie diese Ansicht vom Marktplatz aus deutlich dokumentiert. Alleine 146 Bomben warfen die Alliierten in den beiden vorbereitenden Teilangriffen (9. und 12. März 1945) und dem finalen Hauptschlag am 22. März 1945 auf das Klosterareal. – „Der schwärzeste Tag in der Geschichte Dorstens", schrieb ein Ordensbruder später.
(Foto: Sures/Stadtarchiv Dorsten)

◄ Blick vom nördlichen Teil der Lippestraße auf das zerstörte Franziskanerkloster. Die meisten Häuser in der Innenstadt waren unbewohnbar geworden. Nach der Enttrümmerung verblieben nur wenige Einzelbauten. Die akute Einsturzgefahr machte einen Abriss oft unvermeidbar.
(Foto: Sures/Stadtarchiv Dorsten)

Übrig blieben Schutt und Asche

▲ Das Dekanatshaus der Franziskaner, Klosterstraße/Ecke Westgraben, hatte den Bombenhagel halbwegs überstanden. Im Bild sind auch die Gleisanlagen zu sehen, die zum Abtransport der Kriegstrümmer gelegt wurden und drei Jahre lang die gesamte Innenstadt durchzogen.
(Foto: Sures/Stadtarchiv Dorsten)

▲ Das Ursulinenkloster nach dem Angriff am 22. 3. 1945: Eiserne Träger wurden wie Streichhölzer geknickt, die Kirche vollständig, das Kloster zu einem großen Teil zerstört. Den Dorstener Ursulinen war es vor dem Bombeninferno gelungen, die alten Schwestern ins Filialkloster nach Attendorn zu bringen. So waren es noch 24 Nonnen, die das Brummen der nahenden Flugzeuge vernahmen und laut betend Minuten äußerster Todesangst durchlitten. Als die Überlebenden den Keller verlassen konnten, sahen sie das ganze Ausmaß der Zerstörung – alles war in Schutt und Asche gefallen, bis auf die Stockwerke des Gebäudes, in dem sich die Schwestern aufhielten.
(Fotos: Archiv Ursulinenkloster, Dorsten)

Übrig blieben Schutt und Asche

▲ Blick von der Recklinghäuser Straße auf die Trümmerlandschaft. Im Hintergrund ist der noch erhaltene Flügel des Ursulinenklosters zu sehen. Links davor die Ruine des alten Rensing'schen Hauses. Dort hatte schon der päpstliche Nuntius auf seiner Reise zum Westfälischen Frieden nach Münster 1648 eine Herberge gefunden.
(Foto: Pfarrarchiv St. Agatha)

▶ Das Kriegerdenkmal im Stadtmauerturm am Westgraben wurde selbst ein „Opfer" des Krieges: Zum Gedenken an die Gefallenen des Ersten Weltkrieges hatte die Stadt 1925 dieses steinerne Denkmal errichten lassen.
(Foto: Ludwig Maduschka)

Übrig blieben Schutt und Asche

Die Wiesenstraße mit der Bauhausstiege im Vordergrund. Viele reizvolle Winkel und Gässchen der Dorstener Altstadt waren im Bombenhagel der Alliierten unwiederrufbar verloren gegangen. Doch, was manche Nostalgiker bitter beklagten, sahen andere optimistisch als Chance, ein modernes, hygienisch und wirtschaftlich gesundes neues Dorsten aufzubauen.
(Foto: Ludwig Maduschka)

Übrig blieben Schutt und Asche

Übrig blieben Schutt und Asche

▲ Die Alte Stadtwaage, (das Alte Rathaus), an der östlichen Seite des Marktes vor der Kirche St. Agatha gelegen, überlebte leicht beschädigt als einziges historisches Gebäude den Zweiten Weltkrieg. Ein Glück für all die Brautpaare, die sich heute im stimmungsvollen Ambiente des rustikalen Raumes das Ja-Wort geben. Der Stein mit der Jahreszahl 1567 über dem Türstock wurde später dort eingebaut. 1997 durchgeführte Untersuchungen belegen, dass der Ursprung des Gebäudes sogar bis ins 15. Jahrhundert zurückreicht.
(Foto: Archiv Walter Biermann)

◄ Der Blick in die Gordulagasse wird an ihrem Ende von der Alten Stadtwaage aufgehalten.
110 000 Kubikmeter Trümmermenge hatten sich nach dem Angriff vom 22. März 1945 in Dorstens Innenstadt aufgetürmt. Damit lag sie, bezogen auf die dort lebende Einwohnerzahl in diesem Bereich, sogar über dem Wert für das nahezu völlig zerstörte Dresden. Schon bis zum 31. Dezember 1948 waren 106 000 Kubikmeter – 94,4 Prozent – geräumt.
(Foto: Archiv Walter Biermann)

Stein auf Stein entsteht die neue Stadt

◄ „Nicht die Hände schlaff hängen lassen, sondern zupacken!
Nicht mit Gott hadern, sondern beten!
Nicht in Kleinmut verzagen, sondern vertrauen!"
Nach diesem Programm bauten die Franziskaner Kloster und Kirche wieder auf und alle halfen mit. Auch diese Agathaschülerinnen und -schüler, die Steine „pickten", bis sich die Hämmer bogen. Cirka 600 000 brauchbare Backsteine konnten für den Nachfolgebau gerettet werden. Am 28. August 1947 wurde der erste Teil des Klosters wieder bezogen und am 24. April 1952 fand die amtliche Weihe der neuen Klosterkirche St. Anna feierlich statt.
(Foto: Stadtarchiv Dorsten)

◄ Steinepicken in der Clemens-August-Straße: Familie van Kampen hockte in den Trümmern ihres Hauses, das sie aus eigener Kraft schon im Oktober 1946 wieder aufgebaut hatte. Fünf Menschen konnten nach dem Bombenangriff am 22. März 1945 unversehrt aus dem völlig zerstörten Gebäude kriechen, weil der Hausherr, der als Bergmann der Zeche Fürst Leopold das Abstützen von Räumen beherrschte, einen Kellerraum fachmännisch zum Bunker ausgebaut hatte. Noch heute lebt Sohn Willi van Kampen mit seiner Familie an dem Ort, an dem 1945 das Inferno ausgebrochen war.
(Foto: Willi van Kampen)

► Ein guter Freund, das ist das Schönste, was es gibt auf der Welt – besonders, wenn diese Welt in Trümmern liegt. Walter Garczyk und Friedhelm Huthmacher leisteten mit ihrer kleinen Schuttkarre beim Wiederaufbau in der Lindenfelder Straße 10 Schwerstarbeit. Zur Belohnung gab es für die beiden heiße Schokolade, aber nicht mit Milch, sondern mit Wasser zubereitet.
(Foto: Friedhelm Huthmacher)

Stein auf Stein entsteht die neue Stadt

Neuordnung und Wiederaufbau – um die Herausforderung, die der aus Mülheim stammende Bauassessor Ludwig Maduschka zu meistern hatte, war er nicht zu beneiden. Konflikte mit Dorstener Politikern waren vorprogrammiert, und so schied der damalige Leiter des Stadtbauamtes schon bald – mit Blick zurück im Zorn – aus seinem Dienst. Er machte im Kreis Unna Karriere, die er bei seiner Pensionierung als Kreisbaudirektor beendete. Die Geburt der neuen Stadt hielt der Stadtplaner mit der Kamera fest. Die Bilder, von Glasnegativen abgezogen, dokumentieren: Es geht voran. Bei einem späteren Besuch in Dorsten schenkte Ludwig Maduschka seine Aufnahmen der Forschungsgruppe „Regionalgeschichte/Dorsten unterm Hakenkreuz".

Die „gute Stube" Dorstens wird wieder hergerichtet. Der erste Gedanke, die Stadt ganz neu, außerhalb des alten Weichbildes unter Verwendung der Trümmer zu errichten, wurde diskutiert und verworfen. Und so nutzte man die noch vorhandenen Werte – 61 Prozent der Kanalisation, 30 Prozent des Gasversorgungs-, 50 Prozent des elektrischen Versorgungsnetzes, rund 20 Prozent der noch bestehenden Häuser – und baute die geliebte Stadt dort wieder auf, wo sie immer gestanden hatte. Die Alte Stadtwaage und die später neu errichtete Agatha-Kirche sollten wie zuvor als Wahrzeichen am Markt das Stadtbild prägen.
(Fotos: Ludwig Maduschka)

Stein auf Stein entsteht die neue Stadt

Die Lippestraße/Ecke Bauhausstiege mit den Häusern Siebel, Stewing (Hill) und Klapheck. Nach der Enttrümmerung stand der konzeptionelle Aufbau auf dem Plan, bei dem blanke Privatinteressen hart aufeinander prallten. Doch trotz aller Probleme ging's schließlich vorwärts, wenn auch zögerlich. Geschäftsleute hatten eine Aufhebung des generell geltenden Ladenbauverbotes erwirkt, so dass mit dem Wiederaufbau des Kaufhauses Kempa im September 1948 begonnen werden konnte. Bereits einen Monat später eröffnete als erster Laden auf der Lippestraße das Geschäft Siebel, zur gleichen Zeit begannen die Ausbauarbeiten an der Essener Straße mit der Verlegung der Bordsteine.
(Foto: Ludwig Maduschka)

Stein auf Stein entsteht die neue Stadt

Die „Dorsten Bridge" wurde nach Kriegsende von den Alliierten als provisorischer Behelf für die zerstörte Kanalbrücke errichtet, damit Radfahrer und Fußgänger trockenen Fußes ihrer Wege ziehen konnten. Über die Rampe im Vordergrund (Foto unten) wurden Steine, Schutt und Erde des zugeworfenen Kanals abgefahren. In der Hoffnung, den Vormarsch der feindlichen Truppen zu behindern, hatten kurz vor dem Einmarsch der Siegermächte deutsche Soldaten alle Brücken in Dorsten gesprengt. Bis 1954 existierte die so genannte Barley-Brücke. Dann wurde sie abgebaut und nach Hamburg transportiert.
(Fotos: Stadtarchiv Dorsten)

Stein auf Stein entsteht die neue Stadt

◄ Aus diesem Haus schaut Mater Irmgard raus: Nach der Zerstörung des Ursulinenklosters durch die Bombenangriffe vom 22. März 1945 behalfen sich die Ordensfrauen mit dieser Holzbude, die provisorisch als Pforte diente. Die bunte Blumenpracht vor den Fenstern und eine freundliche Nonne am Empfang hießen die Besucher herzlich willkommen.
(Foto: Archiv Ursulinenkloster, Dorsten)

▶ Auch die Geschwister Siegfried und Elfriede klopften an die Klosterpforte, um sich in entbehrungsreicher Nachkriegszeit Essen abzuholen. Küchenhilfe Fräulein Anneliese eilt im Hintergrund schon schnellen Schrittes mit Topf und Henkelmann herbei.
(Foto: Elfriede Schüller)

▲ Den Wiederaufbau aus einer völlig anderen Perspektive dokumentierte Hobby-Fotografin Schwester Mechtildis für die Nachwelt. Sie erkundete mit ihrer Kamera die Baustelle des Ursulinenklosters und schaute den fleißigen Bauarbeitern bei ihrem Wirken nicht nur über die Schulter.
(Foto: Archiv Ursulinenkloster, Dorsten)

▶ Hoch auf dem Pferderücken haben es sich Ursulinenschülerinnen bequem gemacht. Anfang 1946 konnten die Ober- und Mittelschule den Betrieb wieder aufnehmen. Diese Oberschulklasse stürmte während der Pause das Fuhrwerk, das gekommen war, um Kriegsschutt abzutransportieren.
(Foto: Gertudis Tüshaus)

Stein auf Stein entsteht die neue Stadt

◀ ▲ Die Betonmischmaschinen rumorten, Steine und Baumaterialien wurden herangeschleppt. Über dem Schulneubau an der Ursulastraße wehte der Richtkranz. „Geben Sie auf – Dorsten wird zur toten Stadt erklärt", hatte die Besatzungsmacht den Ursulinen geraten. Die Zerstörungen waren zu groß. Dennoch ließen sich die Ordensfrauen nicht entmutigen und begannen, kaum 14 Tage nach dem Vernichtungsschlag, umgehend und voller Tatkraft mit dem Wiederaufbau. Zunächst wurde die erhalten gebliebene Aula im Josefsflügel von Schutt und Scherben gesäubert und für den Gottesdienst hergerichtet. 1948 waren der 2. Schulflügel, 1949 die Klausur der Schwestern wiederhergestellt. Im selben Jahr konnte das Internat wieder eröffnet werden und 1954 war der Neubau des Schulhauses an der Ursulastraße vollendet.
(Fotos: Archiv Ursulinenkloster, Dorsten/Maria Cirkel)

▶ Jeder half mit! Ob Schwester, Arzt oder Küchenmädchen – alle Angestellten des zerstörten St.-Elisabeth-Krankenhauses am Westwall packten tatkräftig mit an. Beim Steineholen in Gahlen krempelten selbst die Franziskanerinnen ihre Kuttenärmel hoch.
(Foto: Elisabeth Pioch)

Stein auf Stein entsteht die neue Stadt

◀ Wenn auf dem Dachstuhl der Richtkranz weht, dann lassen auch die Zimmerleute die Doppelkorn-Fahne flattern: Ein Prösterchen auf die Schlüssel-Lichtspiele, die in der Lippestraße (heute HL-Markt) den vergnügungsentwöhnten Dorstenern ab Juli 1950 Kinospaß vom Feinsten boten.
(Foto: Heinz Stenpaß)

◀ Stein auf Stein, Stein auf Stein – das Geschäftshaus wird bald fertig sein. Die Baustelle des Juweliergeschäfts Kohle, direkt am Marktplatz, wuchs 1949 schnell in die Höhe.
(Foto: Heinz Stenpaß)

◀ Kleine Foto-Verschnaufpause für Johannes Hövelbrinks, Johannes Hilvers, Heinrich Hinsken und Franz Hinzmann (v.l.). Großzügiger und luftiger sollte der alte Dorfplatz in Rhade werden, den die Bürger neu gestalteten. Um mehr Fläche zu schaffen, musste auch das leer stehende Hinsken-Haus weichen. Um 1950 fiel es dem Abrisshammer zum Opfer.
(Foto: Manfred Hinzmann/Heimatverein Rhade)

Stein auf Stein entsteht die neue Stadt

Stein auf Stein entsteht die neue Stadt

▲ Heimkehr der Glocken! Wie groß war die Freude, als die Pfarrgemeinde St. Agatha die Nachricht erhielt, dass ihre nach Lünen gebrachten Glocken das Kriegsende dort überlebt hatten. Kostenlos schaffte Transportunternehmer Baxmann den kostbaren Fund nach Dorsten zurück, wo er auf einem bekränzten Wagen zu seiner vorübergehenden Heimstätte, dem Pfarrgarten am Ostgraben, gebracht wurde.
(Foto: Josefine Sicking)

◄ Nicht nur in schwindelnde Höhen, auch in abgründige Tiefen verschlug es die Bauarbeiter, die hier im Sommer 1949 die Kanalisation in der Josefstraße wieder „in Fluss" brachten.
(Foto: Heinz Stenpaß)

◄ „Die St.-Agatha-Kirche muß wieder erstehen und zum Mittelpunkt der Stadt werden. Opfere deshalb für ihren Wiederaufbau!" Für Bausteine wollte diese Postkarte werben, um die Finanzierung des neuen Kirchenbaus von St. Agatha zu sichern. Sie zeigt links den schönen Marktplatz Dorstens vor der Zerstörung und rechts den davon übrig gebliebenen Trümmerturm.
(Foto: Archiv Walter Biermann)

Stein auf Stein entsteht die neue Stadt

▲ „Das Überlinger Münsterspiel" von Aloys Johannes Lippl führten engagierte Laienspieler bei den Domfestspielen im September 1951 im Schiff der neuen St.-Agatha-Pfarrkirche auf. Tod und Teufel, arme Sünder, Schieber und andere Gesellen agierten in prächtigen Kostümen auf der Bühne. „Die Spiele machten großen Eindruck auf die Besucher. Leider ließ wegen des kalten Wetters der Besuch zu wünschen übrig", ist in der Pfarrchronik vermerkt. Der eingespielte Betrag von 1000 DM kam dem Wiederaufbau der Kirche zugute.
(Foto: Eleonore Langenohl)

▲ Das Ende eines Kirchturmes: Fünf Jahre hatte der ausgebrannte Turmstumpf der St.-Agatha-Pfarrkirche den Marktplatz überragt, am 28. Juli 1950 wurde er gesprengt. Keine einzige Fensterscheibe sei dabei in der Umgegend zerstört worden, berichtet die Agatha-Chronik. Später wurden die gelockerten Brocken von Hand weiter abgetragen.
(Foto: Maria Cirkel)

Stein auf Stein entsteht die neue Stadt

▶ Gut lachen haben die Bauarbeiter, die sich auf dem Dachgerüst der St.-Agatha-Kirche dem Fotografen präsentieren. Selbst der offensichtlich schwindelfreie Hans Krukenberg (3.v.l.), Inhaber des gleichnamigen Dorstener Fotofachgeschäftes, hatte keine Klettermühen gescheut, um den Ausblick über den Dächern von Dorsten genießen zu können. Bis die zerstörte Kirche wieder „betriebsbereit" war, versammelten sich die Gläubigen in schnell eingerichteten Notkirchen zu ihren Gottesdiensten.
(Foto: Josefine Sicking)

▲ Der Kölner Architekt Otto Bongartz wurde mit dem Wiederaufbau der St.-Agatha-Kirche betraut. „Der Innenraum öffnet sich hoch und weit als gekonnte, fast geniale Mischung von frühromanischer Basilika, dorischer Tempelfront und ägyptischem Tempelraum. Dorische Säulen, in Zement gegossen, tragen frühromanische Würfelkapitelle und über runden Jochbögen eine basilikale Holzdecke ...", beschreibt ein späterer Kritiker das Innere der neuen Kirche, die am 6. Juli 1952 durch Bischof Michael Keller eingeweiht werden konnte.
(Foto: Archiv Walter Biermann)

Stein auf Stein entsteht die neue Stadt

Stein auf Stein entsteht die neue Stadt

Den Turmhelm bekam die Pfarrkirche erst im Jahre 1955 aufgesetzt. Vergessen waren alle Streitigkeiten und Probleme, die sich um den Wiederaufbau gerankt hatten. Auch die Heilige Agatha wurde von den Dorstenern wieder als Patronin akzeptiert: 1945 hatten viele Bürger ihr die Verehrung verweigert, aus Enttäuschung über den mangelnden Schutz der Stadt.
(Foto: Pfarrarchiv St. Agatha)

Zaghaft sprießt das Wirtschaftsleben

▲ Johann Mergen sen. schmaucht in seiner demontierten Kornbrennerei in Wulfen seine lange Pipe. Kupfer und Messing waren zu Munitionshülsen verarbeitet und im Krieg von deutschen Soldaten verschossen worden. Zusammen mit Sohn Johannes baute er nach dem Krieg den Traditionsbetrieb, der bereits 1871 in Wulfen gegründet worden war, wieder auf. So konnte schon 1949 der „Milde Mergen" wieder die Genießerzungen kitzeln.
(Foto: Johannes Mergen)

▶ Vorsicht, trabende Rinder! Zu seinem letzten Gang trieb Metzger Steinrötter das gehörnte Vieh über den Marktplatz, um es in seiner nahe gelegenen Schlachterei zu wohl schmeckender Wurst und zu Braten zu verarbeiten. Nach der völligen Zerstörung im März 1945 hat sich die „gute Stube Dorstens" bereits vier Jahre später mächtig gemausert, wie auf diesem Bild gut zu erkennen ist: Das Eckhaus des Juweliers Kohle ist fast fertig gestellt und im neu errichteten Kaufhaus Schürholz werden gerade die Fenster eingesetzt.
(Foto: Archiv Walter Biermann)

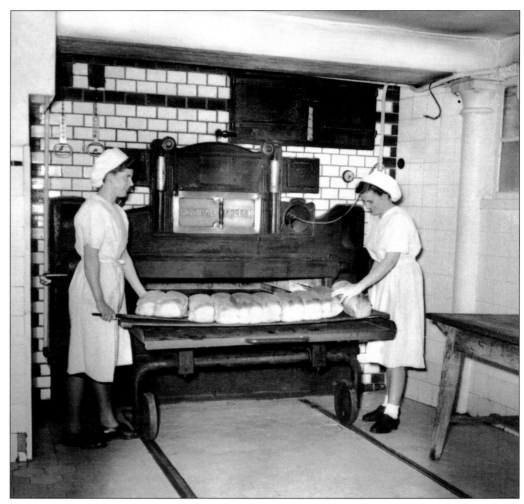

▲ Brote backen gehörte zum täglichen Geschäft von Irene Emler und Margret Hartwig. Die beiden Kolleginnen haben in der Backstube des Elisabeth-Krankenhauses (das Foto entstand 1949) Patienten und Personal mit Brot, Kuchen und Schwarzbrot versorgt.
(Foto: Irene Emler)

24

Zaghaft sprießt das Wirtschaftsleben

◀ Endstation Bahnhof: Die störrischen Rindviecher sind nicht leicht davon zu überzeugen, den Güterwaggon am Ziel ihrer Reise zu verlassen. Vielleicht ahnen sie, dass in der Metzgerei Sax in der Lindenfelder Straße ihr letztes Stündchen schlagen wird.
(Foto: Archiv Walter Biermann)

▲ De Melkbur von Wulfen hieß Bernd Feller, und er präsentiert auf diesem Foto stolz sein erstes Dreirad-Auto, mit dem er Anfang der 50er Jahre von Haus zu Haus knatterte, um die Wulfener mit Milch und Butter zu beliefern. Angefangen hatte der Milchbauer mit einem Fahrrad samt Anhänger, auf dem die Kannen klapperten. Die Motorisierung war ein echter Fortschritt und bewies: Es geht wieder aufwärts! Auch, wenn das Auto später in der Mitte durchbrach und wieder zusammengeschweißt werden musste, wie sein Sohn Bernd verriet.
(Foto: Bernd Feller jun.)

▲ Gewürzte Suppe für die Schulspeisung schwamm in den kleinen Kübeln, die bei der Fleischerei Sax zum Abtransport bereit gestellt wurden. Gegen Ende des Jahres 1945 genehmigte die britische Militärregierung die Einführung der Schulspeisung, um den unterernährten Schulkindern im hungernden Deutschland zu helfen. Bis zu 8 000 Portionen wurden täglich in Dorsten von verschiedenen Metzgereien wie Bellendorf, Kohlmann und Sax, aber auch von Privatpersonen gekocht. Bis zum Jahre 1950 sollen 4 667 420 Portionen ausgegeben worden sein, darunter auch 320 000 Tafeln Schokolade. Am 30. Juni 1950 wurden die kostenlosen amerikanischen Lebensmittellieferungen für die Schulspeisung eingestellt.
(Foto: Archiv Walter Biermann)

Zaghaft sprießt das Wirtschaftsleben

◀ Planten-Anna ist Dorstener Poahlbürgern sicherlich noch gut bekannt. Nachdem die Stadt in Schutt und Asche gelegt worden war, entschloss sich die unternehmungsfindige Anna Wolters, ihr selbst gezogenes Gartengemüse auf dem Markt feilzubieten. Da ihr Angebot aus Gemüse, Blumen und Pflanzen bestand, wurde sie als das Dorstener Original „Planten-Anna" bekannt.
(Foto: Elisabeth Schultheis)

◀ In einer alten Baracke in der Recklinghäuser Straße startete das Salamander-Schuhgeschäft von Theodor Schmidt 1946 wieder den Verkauf und Reparaturbetrieb. Das Vorderhaus war völlig weggebombt, nur das alte Mittelhaus hatte überlebt. Mit den abgeklopften Steinen stopfte die Familie notdürftig die Zerstörungen und richtete sich eine Wohnung her. Von der Deutschen Bank, die links gestanden hatte, war nichts mehr übrig geblieben, von dem Haus Ammenwerth (rechts) standen nur die Außenmauern.
(Foto: Gisela Hemmer)

Zaghaft sprießt das Wirtschaftsleben

◄ „Ewald Sauskojus Bahn Spedition" lautete die Aufschrift auf der Fahrertür des Dreirades, das auf diesem Bild an der Güterabfertigung von Sohn Günther Sauskojus und zwei Bahnarbeitern in Hervest-Dorsten beladen wird. Dass beim Aufschwung nicht immer alles nach Plan ging, bekam der Spediteur am 20. Mai 1952 zu spüren, als sein größter Kunde, die Dorstener Firma R. Paton (Bleicherei und Färberei), Insolvenz anmelden und ihre 120 Mitarbeiter entlassen musste. Der Grund: Teure Importkohle und eine Krise in der Textilindustrie.
(Foto: Werner Sauskojus)

◄ Foto Krukenberg quartierte sich nach der Zerstörung der Dorstener Innenstadt gezwungenermaßen um: Als vorübergehende Notunterkunft diente dem Fotogeschäft dieses Häuschen am Südgraben.
(Foto: Hans Krukenberg)

▲ Not macht erfinderisch! Wer nicht tauschte und „organisierte", der musste hungern und frieren. Und so setzte sich auch Schlachter Feldmann hin und wieder über das vor der Währungsreform geltende Verbot des „Schwarzschlachtens" hinweg. Im Michaelisstift in Lembeck ging ihm sogar Schwester Oberin höchstpersönlich zur Hand: Sie tauschte ihre Schuhe kurzerhand mit Holzpantinen und half dem Metzger tatkräftig mit.
(Foto: Heimatverein Lembeck)

Zaghaft sprießt das Wirtschaftsleben

Aufstellen zum Gruppenfoto: Die gesamte Belegschaft der Teppichfabrik Schürholz in der Marienstraße stellte sich am 25. August 1950 für den Fotografen in Reih und Glied auf. Ein Blick ins Firmenbüro (rechts) bescheinigt eine angenehme Arbeitsatmosphäre. Mit einem mechanischen und mehreren Handwebstühlen hatte die Kokosweberei am 1. Januar 1887 in Dorsten ihren Betrieb aufgenommen. Die Produktion hatte unter den Weltkriegen stark gelitten. Ab 1949 wurde das traditionelle Produktionsprogramm wieder aufgenommen, das hauptsächlich aus Kokosläufern, aber auch Kohlensäcken und Filtergewebe bestand.
(Fotos: Maria Cirkel)

Zaghaft sprießt das Wirtschaftsleben

Zaghaft sprießt das Wirtschaftsleben

▲ Ein Blick in das Büro der Druckerei Weber im Jahre 1950. Dort wurde damals auch die Dorstener Volkszeitung und später die erste Ausgabe der Ruhr-Nachrichten gedruckt. Als das Druckereigebäude am Südwall von Bomben stark getroffen wurde, behalfen sich die Drucker damit, zwei beschädigte Druckmaschinen zu einem funktionstüchtigen „Heidelberger Tiegel" zusammen zu montieren. So bekamen die Dorstener die wichtigsten lokalen und regionalen Meldungen auf Handzetteln gedruckt, das Blatt für 10 Pfennige.
(Foto: Maria Cirkel)

▲ Zu Bauen gab es im kriegszerstörten Dorsten jede Menge, und so kommt auch der Baubetrieb Bolmerg in der Marienstraße mächtig in Fahrt. Chef Egbert Bolmerg (helles Jackett, Hand in der Tasche) ließ sich mit seiner Mannschaft für die Nachwelt verewigen.
(Foto: Heinrich Stenpaß)

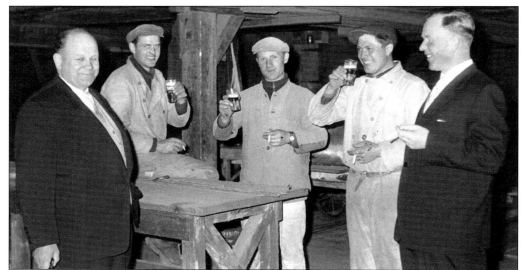

◀ Beim Dienstjubiläum sollten auch die arbeitenden Kollegen nicht darben. Die schick gewandeten Jubilare der Baufirma Bolmerg ließen sich nicht lumpen und machten an ihrem Ehrentage auch einen Abstecher an den Biegetisch, um ihre Kumpel mit einem Gläschen Gerstensaft zu erfrischen. Danach lief die Arbeit wie geschmiert.
(Foto: Heinrich Stenpaß)

Der Alltag kehrt zurück

◀ Das Leben geht weiter: Töpfe gab's schon wieder – jetzt fehlte nur noch der schmackhafte Inhalt! Beim Einkaufsbummel über den ersten Katharinenmarkt in Dorsten nach dem Krieg machte Kläre Beckmann (links) mit ihrer Nachbarin Frau Schweizer „fette" Beute. Sie brachten neben anderen Kleinigkeiten einen blitzblank glänzenden Topf und Eimer mit nach Hause. Im Hintergrund ist der zerstörte Agatha-Turm zu sehen.
(Foto: Margret Mickley)

◀ Im eingefärbten Kommunionkleid, die Zöpfe keck mit einem schönen Band geschmückt, hockte Renate Zachos 1949 auf der Bank vor dem Haus und sah der Hausfrau beim Gemüseputzen zu. Wer weiß, wozu man diese Fertigkeiten später noch einmal brauchen konnte.
(Foto: Renate Zachos)

Der Alltag kehrt zurück

◀ Am Brunnen vor dem Tore, oder besser am alten Brunnen auf dem noch unbefestigten Rhader Dorfplatz schöpfte Anna Soggeberg ihren Eimer voll Wasser. Alle Anwohner bezogen das kostbare Nass aus dieser gemeinsamen Quelle mit dem mächtigen Schwengel. Einige alte, unbewohnte Häuser waren schon abgerissen. Doch das kleine „Arme-Leute-Häuschen" im Hintergrund rechts steht noch heute. Der Heimatverein Rhade hat es erworben, um es umfassend zu renovieren.
(Foto: Manfred Hinzmann/Heimatverein Rhade)

▲ Wer sagt, dass Sägen Männerarbeit ist? Dreimal wurde Hanni Iwanowsky in Dorsten durch Bombenangriffe verschüttet. Ausgebombt und heimatlos geworden, fand sie erst im Franziskanerkloster und später in einer Jagdhütte auf dem Lande vorübergehend ein Zuhause. In Rhade ging sie zur Schule. Auf dem Bild ist sie (rechts) beim Holzsägen in der Heide mit den Geschwistern Springenberg zu sehen.
(Foto: Hanni Iwanowsky)

▶ Familie Wykydal, aus dem Sudetenland vertrieben, wohnte 1952 noch in einer Notbehelf-Baracke. Mutter und Tochter Elfriede schauen aus dem Fenster, davor wirft sich Sohn Siegfried (r.) mit zwei Freunden in Positur.
(Foto: Elfriede Schüller)

Der Alltag kehrt zurück

◄ Ferienfreuden genossen die beiden hübschen Mädels im Sommer 1951 auf einem abgemähten Feld am Söltener Landweg. Renate Zachos lebte acht Jahre mit ihrer Familie in einem Behelfsheim, weil sie im Krieg ausgebombt worden waren.
(Foto: Renate Zachos)

▲ Er hatte vom Krieg Gott sei Dank nichts mehr mitbekommen: Der hübsche Knabe mit der blonden Tolle heißt Karl-Heinz Friedrich und zählte zur Zeit der Aufnahme im Juli 1947 gerade mal ein halbes Lebensjahr. Das Foto mit Patentante und Mama (im Hintergrund) entstand in der Parallelstraße in Holsterhausen.
(Foto: Karl-Heinz Friedrich)

▲ Der Tatendrang der Jugend war ungebrochen und so fand sich nach der Währungsreform auch in Dorsten eine Jugendorganisation der SPD zusammen: die SJD. Die Falken in Hervest-Dorsten trafen sich unter der Leitung von Hermann Müller zu Ausflügen, Spaziergängen, Gesprächen, Spielen und zum Volkstanz. *(Foto: Edith Eberwein)*

Der Alltag kehrt zurück

▲ Beim Pfingst-Zeltlager der Christlichen Arbeiter-Jugend (CAJ) Dorsten in Gemen 1953 ging's hoch her. Zum Zeitvertreib traten die feschen Jungs beim Fußballturnier kräftig gegen den Ball.
(Foto: Werner Platzköster)

▶ Wer nach dem sonntäglichen Kirchenbesuch einen Schaufensterbummel durch Dorstens Innenstadt unternahm, wie dieses Paar im April 1950, konnte sich viel Zeit lassen. Das bescheidene Angebot in der wiederauferstandenen Stadt hatte man schnell gesichtet.
(Foto: Maria Cirkel)

Der Alltag kehrt zurück

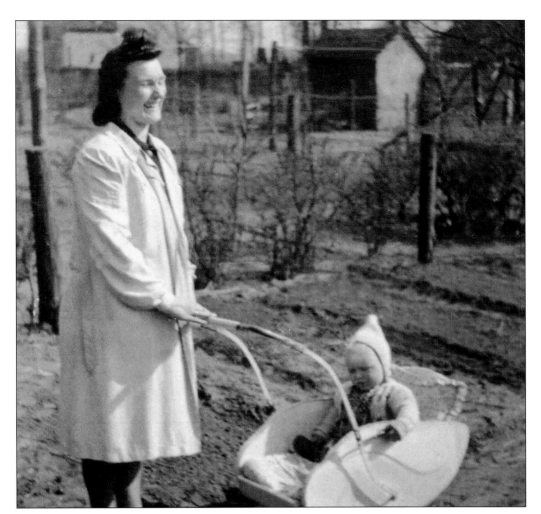

◄ Schicker Schlitten, was? Stolz hockt die kleine Ingrid in ihrer neuen Baby-Kutsche. Eigentlich hatte sich Mama Elisabeth Biebl im Jahre 1946 ein paar Schuhe kaufen wollen. Doch dann hat sie den Bezugsschein doch für einen flotten Kinderwagen eingetauscht. Klein-Ingrid war mit dieser Entscheidung offensichtlich völlig einverstanden.
(Foto: Christa Kruppa)

▼ Sonntagstreff bei Oma Friedel: Zur Familienzusammenkunft fuhren die Eberweins mit Babywagen und dem gesamten Kindersegen vor, um sich den Tag mit Lesen, Spielen und Plaudern zu vertreiben. Auch Nachbarkinder waren immer herzlich willkommen. Die tonnenförmigen Notwohnungen, so genannte Nissehütten, an der Wasserstraße in Hervest boten viele Jahre lang Ausgebombten und Flüchtlingen rar gesäte Unterkünfte.
(Foto: Edith Eberwein)

Der Alltag kehrt zurück

◄ Ein Sonnenbad im Mai – da ist doch nichts dabei, fanden die schönen Schwestern Traudi und Herta. Sie breiteten 1949 ihre Decke am Ufer des Kanals aus und genossen die wärmenden UV-Strahlen.
(Foto: Dietmar Bruns)

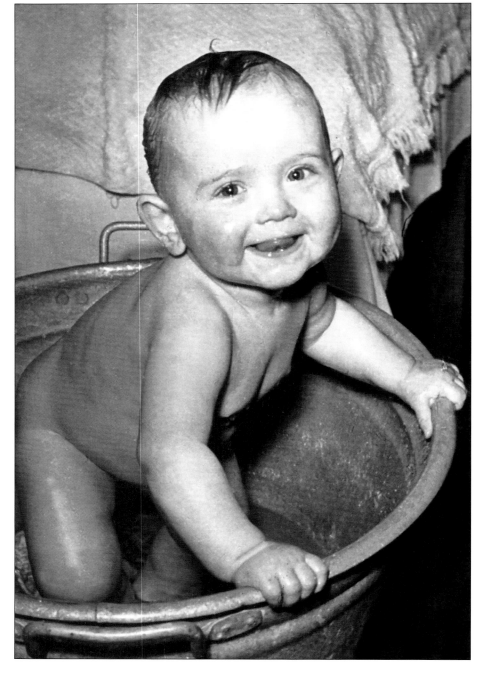

◄ Die Wanne ist voll – mit der fröhlichen Marion, die dem Fotografen ihr unwiderstehliches Lächeln schenkt. Mama und Papa hatten den Zinkzuber plus Kind extra in die Ursulastraße zum Fotoatelier Kühnelt geschleppt, um ihre Badenixe ins rechte Bild zu setzen. Dem kleinen Model scheint der feucht-fröhliche Ausflug jedenfalls viel Spaß gemacht zu haben.
(Foto: Edith Eberwein)

► Große „Sprünge" konnte Familie Eberwein so kurz nach dem Krieg noch nicht machen. Also ging's beim Sonntagsausflug mit Tochter Gabi zum heimischen Kanal, da gab es Wasser, Schiffe und jede Menge Steine zum Klettern – was braucht man mehr zum Glücklichsein?
(Foto: Edith Eberwein)

Der Alltag kehrt zurück

Der Alltag kehrt zurück

◄ Steine gab es auch 1950 noch mehr als genug in Dorstens Innenstadt. Franz Scholven und seine weibliche Begleitung machten es sich zum Pfingstfeste an der Ecke Recklinghäuser-/Suitbertusstraße auf größeren Brocken vor einem geordneten Steinstapel bequem und lachten in die Kamera.
(Foto: Franz Scholven)

▶ Der Schalk sprüht dem spitzbübischen I-Männchen der Agathaschule schier aus den Augen. Dabei begann für ihn just an dem Tag der Aufnahme der Ernst des Lebens: Der erste Schultag am 1. April 1948 konnte Paul Rentmeister offensichtlich die gute Laune nicht „verhageln".
(Foto: Paul Rentmeister)

Der Alltag kehrt zurück

▲ Gebet, Gespräch und Kaffeetrinken standen auf der Tagesordnung, wenn sich die Hausangestellten aus Dorstener Familien sonntags im St.-Ursula-Kloster trafen. Mater Clementia betreute den „Agathaverein", der sich auf diesem Bild 1951 dem Fotografen stellte.
(Foto: Archiv Ursulinenkloster, Dorsten)

◄ Immer schön locker bleiben: Brigitte und ihr Brüderchen Werner Landau warteten auf dem schönen Polstersofa vergeblich auf das Vögelchen des Fotografen. Mama hatte die beiden für den Fototermin extra fein gemacht, auf dass sie auch in späteren Zeiten eine schöne Erinnerung an ihre Kinderzeit haben.
(Foto: Brigitte Rentmeister)

Der Alltag kehrt zurück

Nicht für die Schule, fürs Leben lernen wir! Nur 30 Klassenräume für rund 4000 Kinder waren Groß-Dorsten nach der Zerstörung geblieben. Ein unhaltbarer Zustand, der keinen ordnungsgemäßen Unterricht zuließ. Die Kinder mussten teilweise lange auf die Wiedereröffnung ihrer Schule warten. Die letzte nahm erst Ende Mai 1946 wieder ihren Betrieb auf. Die Schulen in den wenig beschädigten Landgemeinden wie Rhade, Lembeck und Wulfen hingegen gingen schon etliche Monate früher an den Start.

▲ Hinaus ins Leben drängten die entlassenen Schüler, die im Herbst 1949 der Josefschule in Hervest den Rücken kehrten. Zum Abschied scharte Lehrer Paul Nietsch (Mitte hinten) seine Jungs noch einmal für eine Foto-Erinnerung um sich.
(Foto: Heinrich Günther)

Der Alltag kehrt zurück

▲ Giggelnd postierten sich die I-Dötzchen der Agathaschule an ihrem ersten Schultag um ihre Lehrerin Gertrud Schuler: Der 1. April 1951 hatte für jedes der Mädchen eine ganz besondere Bedeutung, sei sie freud- oder eher leidvoller Natur.
(Foto: Brigitte Rentmeister)

▲ Mit Schürzen und gezähmtem Zopf präsentieren sich die Ursulinen-Schülerinnen der Internatsgruppe 1950/51 dem Fotografen. Nach den verheerenden Kriegszerstörungen konnte das klostereigene Internat 1949 wieder seine Türen öffnen.
(Foto: Archiv Ursulinenkloster, Dorsten)

Schöne Stunden, frohe Feste

◀ Die Wogen der Stimmung schlugen hoch beim Kanu-Klub, der im Februar 1949 sein Karnevalsfest im Strandcafé Nattler ausgelassen feierte. Mit Berthold Deutscher an der „Quetschkommode", dem schmucken Mexikaner, alias Franz Boos, an der Gitarre und dem Schlagzeug spielenden Indianer, Johann Pawlitza, war die Hauskapelle komplett und der Abend für alle Wassersportler in trockenen Tüchern.
(Foto: Edith Eberwein)

◀ Schreinermeister Einhaus setzte nach Beendigung des Krieges ein Mut machendes Zeichen des Neuanfangs: Er vermählte sich. In der Ursulastraße hielt neben den Schienen, auf denen in Loren der Schutt der zerbombten Innenstadt weggeräumt wurde, der festlich geschmückte Hochzeitswagen, in dem die Braut im weißen Kleid und der Bräutigam in den siebten Himmel entschwebten.
(Foto: Archiv Ursulinenkloster, Dorsten)

▼ Das Fest der Goldenen Hochzeit ließen sich die Wirtsleute Johann und Maria Kremerskothen aus Altendorf-Ulfkotte trotz vieler Schicksalsschläge nicht nehmen. Von ihren insgesamt neun Kindern verstarben zwei im Kindesalter, drei erwachsene Töchter und ein Sohn mussten im Krieg ihr Leben lassen. Am 15. Mai 1950 feierten sie mit ihrer Familie und lieben Freunden.
(Foto: Gisela Düpmann)

Schöne Stunden, frohe Feste

▶ Kaffee und Kuchen lachten von der geschmückten Tafel, als Lisa Beisenbusch mit ihren Kolleginnen 1946 ihr 25-jähriges Dienstjubiläum im Krankenhaus feierte.
(Foto: Elisabeth Pioch)

▶ Nach schweren Jahren der erste Betriebsausflug: Schwestern und Angestellte des St.-Elisabeth-Krankenhauses vergnügten sich 1946 bei der kleinen Reise ins Grüne, die die ausgelassene Gesellschaft zum Freudenberg führte. Bei Kaffee und Kuchen sieht die Welt gleich anders aus.
(Foto: Elisabeth Pioch)

▶ Die Speichen mit Papiergirlanden festlich geschmückt, empfingen die Lembecker mit einem Fahrradkorso am Schloss den LKW, der die neuen Stahlguss-Glocken für die Laurentiuskirche geladen hatte. Sie begleiteten den Transport bis zu seinem Ziel. Die Glocken waren vom Bochumer Verein gegossen worden. Bis auf ein kleines Exemplar waren alle Lembecker Glocken im Krieg eingeschmolzen worden.
(Foto: Heimatverein Lembeck)

Schöne Stunden, frohe Feste

▲ De Mesterkes vont Dorp trafen sich Ende 1948 bei Schneidermeister Bernhard Langenhorst (Mitte), um die Gründung der Kolpingfamilie Lembeck im Mai 1949 vorzubereiten. Im Bild (v.l.) Johann Heiming, Bernhard Lohbreyer, Bernhard Langenhorst, Josef Einhaus und Heinrich Bahde.
(Foto: Heimatverein Lembeck)

◀ Im Gemüsebeet an der Lindenfelder Straße präsentierte sich Helga Maiß zu ihrer Kommunion 1946 dem Fotografen. Das schmucke Kleid stammte von der Caritas. Zwischen den beiden Häusern im Hintergrund fehlt das Haus der Familie Goldhagen. Ein Bombenangriff hatte es völlig zerstört und elf der insgesamt 14 Familienmitglieder in den Tod gerissen.
(Foto: Helga Maiß)

▶ Handshake mit dem Weihbischof! An den ganz besonderen Tag ihrer Firmung in Rhade 1947 kann sich Hanni Iwanowsky gut erinnern. Sie selbst ist nicht im Bild, sondern wartet noch in der Firmling-Reihe auf den weihevollen Handschlag.
(Foto: Hanni Iwanowsky)

Schöne Stunden, frohe Feste

▲ Ein großer Tag in Wulfens Geschichte: Die Grundsteinlegung der St.-Matthäus-Kirche am 19. November 1950 wurde feierlich begangen. Die vorherige Kirche war im Krieg zerstört worden. Pfarrer Pelkum inmitten der Messdienerschar zelebrierte den Festakt.
(Foto: Heimatverein Lembeck)

Schöne Stunden, frohe Feste

▲ Zum 250-jährigen Jubiläum des Ursulinenklosters zu Dorsten kamen Schwestern und Freunde des Hauses am 21. Januar 1949 zu einer kleinen Feierstunde im Kloster zusammen. Nach ungeheurer Kraftanstrengung waren ein Schulflügel, das Wohnhaus der Schwestern und die Klausur wiederhergestellt. Doch erst 1954 waren der Neubau des Schulhauses an der Ursulastraße und 1959 die neu erbaute Klosterkirche vollendet.
(Foto: Archiv Ursulinenkloster, Dorsten)

Schöne Stunden, frohe Feste

▲ Noch ein Tässchen gefällig? Bei Kaffee und Kuchen vergnügten sich die Dorstener Damen auf dem Hausfrauen-Nachmittag der Kleinkunstbühne Essen, die 1946 in Dorsten gastierte. Auch Mutter und Oma von Helga Maiß „klatschten" nebst Nachbarinnen freudig mit.
(Foto: Helga Maiß)

◄ Fern, doch treu der Heimat feierten die Flüchtlinge, die in Lembeck gestrandet waren, den Erntedank-Umzug 1948. Mehr als 2500 Flüchtlinge und Vertriebene aus den Ostgebieten fanden in Dorsten eine neue Heimat. Nicht immer wurden sie freundlich aufgenommen. Anfang der 50er Jahre gründeten sie ihre Landsmannschaften und organisierten Kulturabende.
(Foto: Archiv Walter Biermann)

Schöne Stunden, frohe Feste

◀ Weihnachtsfeier 1953 im Textilhaus Schürholz: Die Damenkonfektion wurde kurzerhand ausgeräumt, so dass die Belegschaft genügend Platz hatte, bei Akkordeonmusik und Kerzenschein gemütlich zu feiern.
(Foto: Helga Maiß)

▼ Fröhliche „Marienkinder" feierten in ihrer katholischen Pfarrgemeinde St. Marien ihr Pfarrfest 1953 mit allerlei Schabernack. Malermeister Richarz malte sich selbst zum Clown an. Pfarrer Schöne, auch „der schöne Franz" genannt, nahm's gelassen und feierte im Kreise seiner Schäfchen kräftig mit.
(Foto: Hans-Joachim Maas)

▶ Gerne „verschaukeln" ließen sich die Kinder, die in Wiemelers Kirmes-Attraktion stiegen. Der Schausteller aus Holsterhausen hatte seine Schiffschaukeln 1951 an der Borkener Straße/Ecke Heinrichstraße aufgeschlagen und lockte so manchen Leichtmatrosen auf die schwingenden Schiffsplanken.
(Foto: Archiv Walter Biermann)

48

Schöne Stunden, frohe Feste

Einmal König oder Königin sein – der Traum eines jeden Kindes, der sich für manchen Steppke auf dem Kinderschützenfest erfüllte. Vom Dreikäsehoch bis zum storchbeinigen Teenager – alle machten dem Königspaar ihre Aufwartung. Während mancher heranwachsende Schütze das Gewehr ordnungsgemäß präsentierte, nutzen die Kleinsten es manchmal als Stützhilfe – Schützenfeste können aber auch so anstrengend sein!

▲ Der königliche Hofstaat der Kappusstiege im Jahre 1948: Die kleinen Schützen mit Holzschwert, Papierhut und -schärpe bestens bewehrt, die Mädchen im Sonntagskleid und mit Blumengirlande im Haar. Das Regentenpaar strahlt stolz, auch wenn dem kleinen König jeden Moment der Zylinder über die Nase zu rutschen droht. *(Foto: Peter Klings)*

▲ Energisch packt die kleine Königin ihren unwilligen König am Arm, der angesichts dieser großen Ehren nicht allzu glücklich aus der Wäsche schaut. Die Wulfener Kinder im Surick schien es nicht zu stören: Sie feierten mit viel Freude ihr Kinderschützenfest 1950.
(Foto: Alfred Schonebeck)

▶ Reinhold Sax hieß der König der Kinderschützen in der Lindenfelder Straße. Mit flatternden Fahnen, majestätischem Ornat, Krone, Zylinder und schwerer Kette feierten sie ihr Fest in großem Stil.
(Foto: Edith Eberwein)

Schöne Stunden, frohe Feste

▲ Schützenfeste haben eine lange Tradition: Die Kranzniederlegung vor dem Ehrenmal zur Erinnerung an die Kriegsgefallenen gehört zum festen Bestandteil des Programms. So auch 1950 beim Schützenfest in Rhade, wo Paul Menting und Heinrich Westhoff (v.l.) die Aufgabe der Kranzträger übernahmen. In Uniform ganz links Schützenoberst Bernhard Hüskens. Einige Jahre später ist das alte Ehrenmal abgerissen worden, um ein neues zu errichten. *(Foto: Manfred Hinzmann/Heimatverein Rhade)*

▲ Prominenz im Schützenwagen: Pastor Debbing, Amtsbürgermeister Paul Weidner und Bürgermeister Johann Bruns (v.l.) gaben sich die Ehre und ließen sich von Bernhard Hense 1952 über das Rhader Schützenfest kutschieren. Im Hintergrund dreht sich auf dem Festplatz – nicht nur zur Freude der Kleinen – ein Kettenkarussell. *(Foto: Manfred Hinzmann/Heimatverein Rhade)*

▶ Wo Menschen singen, lass Dich ruhig nieder. Der Männergesangsverein „MGV Cäcilia" aus Rhade startet zu einem Ausflug ins Grüne. Im Bus des Lembecker Busunternehmers Cluse rollte die musikalische Gesellschaft Richtung Sauerland. Und weil die Damen offensichtlich den richtigen Ton getroffen hatten, durften auch die „besseren Hälften" der Sänger mit auf Tour. *(Foto: Manfred Hinzmann/Heimatverein Rhade)*

Schöne Stunden, frohe Feste

Sternstunden des Sports

Umjubelt und gefeiert: Günther Sladky war der Sportheld damaliger Tage, der nicht nur die Freunde des Boxsports in Verzückung versetzte. 1950 bereiteten die Dorstener dem frischgebackenen Deutschen Meister der Amateurboxer im Mittelgewicht einen rauschenden Empfang. Mit Rosen in der Hand bedankten sich Sladky und sein Trainer Jan ten Bulte bei ihren Fans. Schon ein Jahr zuvor, 1949, hatte Sladky bei der Deutschen Meisterschaft den Vizemeistertitel errungen. 1951 sollte er als Zweiter von den Europameisterschaften der Amateurboxer in Mailand nach Dorsten zurückkehren, um kurz darauf erneut als Deutscher Meister 1951 in seiner Heimatstadt gefeiert zu werden.
(Foto: Archiv Walter Biermann)

Sternstunden des Sports

▲ „Dorsten grüßt Günther Sladky", den Deutschen Amateur-Boxmeister im Mittelgewicht 1950. Jubelnd empfangen die heimischen Fans am Bahnhof ihr Idol, das mit harten linken Geraden und rasant geschlagenen Aufwärtshaken seinen Finalgegner Ihlein aus Neckarsulm aus dem Rennen um den Deutschen Meistertitel geworfen hatte. Der offizielle Empfang fand im Hotel Altenburg statt.
(Foto: Stadtarchiv Dorsten)

▲ Küsschen und Blumen für den frischgebackenen Vize-Europameister: Eine riesige Menschenmenge begrüßte am 2. Juni 1951 Günther Sladky, der als zweitbester Europäer von den Europameisterschaften im Amateurboxen aus Mailand in seine Heimatstadt zurückgekehrt war. Bei der Ehrung im bekränzten Boxring auf dem Dorstener Marktplatz bedankte sich der gerührte Sladky, dem offensichtlich die Worte fehlten: „Lieber drei Runden Boxen, als hier vor dem Mikrofon stehen", bat er seine Fans um Nachsicht.
(Foto: Stadtarchiv Dorsten)

Sternstunden des Sports

▲ Beim „Schwatten Jans" bestiegen Günther Sladky und Jan ten Bulte den Wagen, der sie im Triumphzug von der Marler Straße, über die Vestische Allee, an der evangelischen Kirche vorbei, über den Südwall zum Essener Tor bringen sollte. Dort wurde der Box-Champion von einer Kapelle empfangen, die ihn zum geschmückten Marktplatz geleitete. *(Foto: Archiv Walter Biermann)*

▲ Am Recklinghäuser Tor stockte der Verkehr – nichts ging mehr. Mehr als 10 000 Hälse reckten sich dem Vize-Europameister entgegen, um einen Blick von ihm zu erhaschen. Sie feierten Günther Sladky frenetisch, denn seine überragenden Sportleistungen ließen auch das wiederauflebende Dorsten strahlen. *(Foto: Stadtarchiv Dorsten)*

Sternstunden des Sports

◄ Noch war der Lorbeer nicht verwelkt, den man Sladky anlässlich der Europameisterschaft gewunden hatte, da stand der nächste Grund der Ehrung an: 1951 errang der Amateurboxer erneut den Deutschen Meistertitel im Mittelgewicht. Im Oktober desselben Jahres fand der erste Internationale Großboxkampf in Dorsten statt, zu dem auch eine Delegation aus den USA in Dorsten herzlich willkommen geheißen wurde. Bei der Begrüßung wehten vor dem Gasthaus Rose die „Stars-and-Stripes" und die Bundesflagge.
(Foto: Stadtarchiv Dorsten)

◄ Günther Sladky beugt sich über seinen Gegner Leroy Hughes, den er gerade zu Boden geschickt hat. Tosender Beifall aus mehr als 4000 Kehlen feuerte die Kämpfer an, die 1951 im „Freiluft-Boxring" auf dem Hof der Bonifatiusschule in Holsterhausen den internationalen Boxwettbewerb austrugen.
(Foto: Stadtarchiv Dorsten)

► Die Kicker von Schwarz-Weiß Lembeck putzten schon 1946 in ersten Freundschaftsspielen ihre Gegner vom Platz, der zwischen Schulstraße und Schluerweg gelegen war (heute stehen dort Grundschule und Turnhalle). Auf diesem Bild aus dem Jahre 1949 stellt sich die 1. Mannschaft dem Fotografen, flankiert vom 1. Vorsitzenden, Bernhard Maas (l.), und Geschäftsführer Bernhard Bügers (r.). Mit weißen Armbinden als Platzordner gekennzeichnet, erstickten die beiden mögliche Randale sofort im Keim.
(Foto: Heimatverein Lembeck)

Sternstunden des Sports

◄ Die Alt-Herren-Mannschaft vom SuS-Hervest-Dorsten. Vom 21. bis 28. August 1949 feierte der Sportverein sein 30-jähriges Bestehen, mit der Liebeserklärung:
„Grün ach grün, wie lieb' ich dich,
All' mein Hoffen, ein Trost für mich,
Schwarz und grün ist Wiese, Wald und Flur,
Schwarz und grün ist unsere Fußballgarnitur."
(Foto: Stadtarchiv Dorsten)

◄ 30 Jahre Ballspielverein Holsterhausen: Am ersten Augustwochenende 1950 feierte der BVH sein 30-jähriges Bestehen. 2000 Besucher kamen zu dem Endspiel des Pokalturniers, bei dem sich der BVH gegen die Spielvereinigung Kirchhellen durchsetzte. So konnten die Holsterhausener aus den Händen des Geschäftsführers des Amtssportverbandes Steck den gestifteten Silberpokal entgegennehmen.
(Foto: Stadtarchiv Dorsten)

◄ Im April 1951 ist das Rennen um den 2. Platz in der Kreisklasse der Handball-Herren zugunsten des VfL Rot-Weiß Dorsten entschieden. Das Bild zeigt die Mannschaft nach dem entscheidenden Spiel gegen den Postsportverein Recklinghausen, das knapp mit 5:4 gewonnen wurde. Im Vordergrund links der Vereinsvorsitzende Gerd Winter, dem die Mannschaft den Aufstieg in die Bezirksklasse wesentlich zu verdanken hatte.
(Foto: Stadtarchiv Dorsten)

▶ Als eine der ersten Städte hat Dorsten 1948 wieder mit Sportwettkämpfen für die Jugend begonnen, nicht zur Wehr-, sondern zur Leibesertüchtigung, wie die Veranstalter betonten. Die Besten im Dreikampf von allen Schulen der Stadt traten 1951 im Rahmen der 700-Jahr-Feier Dorstens auf dem Jahnplatz zum Wettkampf um Ehrenurkunden und Stadtwimpel an. Zur Siegerehrung trafen sich die Schülerinnen und Schüler auf dem Marktplatz.
(Foto: Stadtarchiv Dorsten)

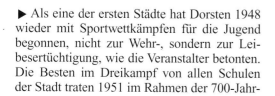

Sternstunden des Sports

◀ Bürgermeister Schürholz und Schulrat Konder höchstpersönlich übernahmen die Siegerehrung des Jugend-Sportwettkampfes 1951: Die Bonifatiusschule erhielt für die beste Durchschnittsleistung mit 205 Punkten den Wimpel der Stadt, gefolgt von der Lutherschule, die 200,93 Punkte erzielte. Im Völkerball siegte die Paulus- über die Agathaschule, und im Handball schlugen die Augusta- die Antoniusschüler.
(Foto: Stadtarchiv Dorsten)

◀ Die Sportsfreunde Heinz Kampshoff (vorne) und Bernd Albers vom Kanuclub Dorsten errangen im Jahre 1949 die Du-Moulin-Erinnerungsplakette. Das Rennen um das „Blaue Band der Lippe" wurde auf einer Strecke von 21 km gefahren und war dem ehemaligen Sportler Du-Moulin gewidmet. Das Team bewältigte die Distanz in 1:54 Stunden.
(Foto: Edith Eberwein)

▼ Alle Dorstener Wasserfreunde waren hoch erfreut, als im Sommer 1950 die Kanalbadeanstalt am Lippetal wiederhergestellt war und ihre Becken öffnete. In der nicht von der Sonne verwöhnten Badesaison 1951 zählte die Statistik trotzdem 48 681 Besucher. Im Mai 1951 gründete sich der Schwimmverein „Neptun".
(Foto: Stadtarchiv Dorsten)

Sternstunden des Sports

Am 29./30. Juli fanden die Amtssportmeisterschaften 1950 statt. Außer Sportvereinen hatten auch alle Sportler, die keinem Verein angehörten, die Möglichkeit, sich zu beteiligen. Am gleichen Tag wurden eigens für Hand- und Fußballer ausgeschriebene Wettbewerbe ausgetragen, die der Amtssportmeisterschaft 1950 eine besondere Note gaben. Immer wieder beklagte sich der Verband darüber, dass die Förderung des Sports in Dorsten eher stiefmütterlich behandelt würde. So kritisierte die Lokalpresse damals: „Es fehlt den allerersten Behördenvertretern das Erlebnis des frischen Windes, der aus der persönlich erfahrenen Übung des Leibes durch die Seele weht."

▶ Mit Schwimmvorführungen und Paddelwettbewerben legten sich die Wassersportler ins Zeug. Danach stürzten sich die Schwimmer Hals über Kopf in die Fluten, um ihren Amtsmeister zu ermitteln. Erstmals starteten sie in der Kanalbadeanstalt.
(Foto: Stadtarchiv Dorsten)

▶ Auf die Plätze, fertig, los! Voller Dynamik startete die Schüler- und Jugendklasse zum Staffellauf „Rund um Hervest".
(Foto: Stadtarchiv Dorsten)

▶ Ob die Latte hält? Die Leichtathletik-Kämpfe wurden auf dem Sportplatz im Ellerbruch ausgetragen. Die Sportstätten waren damals rar gesät: Vor dem Krieg verfügte Dorsten über zwei Sportplätze und zwei Turnhallen. 1950 gab es nur noch einen mehr schlecht als recht hergerichteten Sportplatz mit wenig brauchbaren Geräten.
(Foto: Stadtarchiv Dorsten)

Jubel zum Jubiläum – die 700-Jahr-Feier 1951

◀ Der Bär war buchstäblich los, als die Stadt Dorsten 1951 ihren 700. Geburtstag feierte. Heinrich Stenpaß (r.), der in der Kluft der Maurer- und Zimmererzunft am großen Jubiläumsfestumzug teilnahm, kuschelt sich mit seinem Freund vertrauensvoll ans Eisbärfell.
(Fotos: Heinrich Stenpaß)

▼ Der große Jubiläumsfestumzug am 10. Juni 1951 war gleichzeitig Höhepunkt und Ende des offiziellen zehntägigen Festprogramms, das die Stadt für ihre Bürgerinnen und Bürger auf die Beine gestellt hatte. 90 Wagen, flankiert von Musikkapellen und zahlreichen Fußtruppen, rollten den zehn Kilometer langen Weg von der Hardt durch die Altstadt, durch Hervest und Holsterhausen und wieder zurück bis zum Essener Tor, wo sich der Festumzug nach etwa dreistündiger Dauer unter den Klängen des Deutschlandliedes auflöste.
(Foto: Stadtarchiv Dorsten)

Jubel zum Jubiläum – die 700-Jahr-Feier 1951

▲ Zehntausende säumten die Straßen, um sich an den Motivwagen zu erfreuen. Auf diesem Bild wird gerade ein Modell der restaurierten Alten Stadtwaage, die als einziges historisches Gebäude das Kriegsbombardement überstand, durch Dorsten gerollt. „Es können 50 000 Zuschauer, aber auch weit mehr gewesen sein", mutmaßt ein Lokalredakteur in seinem damaligen Zeitungsbericht, „wie dem auch sei: Die Züge der Bundesbahn, der Straßenbahn und die Omnibusse brachten vor allem in den Mittagsstunden gewaltige Menschenmassen in die Jubelstadt, unzählige kamen in Kraftwagen, auf Motor- und Fahrrädern und auch zu Fuß."
(Foto: Stadtarchiv Dorsten)

◀ Bürgermeister Paul Schürholz (Mitte) im Gespräch mit Innenminister Dr. Flecken (links). Schürholz, der zum Zeichen seiner Würde die neue Amtskette angelegt hatte, begrüßte die zahlreichen Ehrengäste zur Eröffnung der Feierlichkeiten am 1. Juni 1951: „Zum ersten Male seit den dunklen Stunden der Zerstörung flattern über unserer Stadt die Fahnen des Bundes, des Landes und der Heimat", begann er seine Rede. „Sie seien uns vor allem ein Symbol des Sieges der positiven Kräfte des Lebens und des Wiederaufbaus über die negierenden Kräfte des Todes und der Vernichtung." In diesem Sinne bat er den „Repräsentanten der hohen Staatsregierung", Minister Dr. Flecken, aus dem Ehrenbecher der Stadt den Willkommenstrunk entgegen zu nehmen.
(Foto: Stadtarchiv Dorsten)

Jubel zum Jubiläum – die 700-Jahr-Feier 1951

▶ Die Zeche Fürst Leopold schickte beim Festumzug gleich mehrere Motivwagen ins Rennen. Hervest vor 700 Jahren – ein Schäferidyll. Friedlich hütet der unentwegt strickende Ziegenhirt leibhaftige Ziegen und Schafe.
(Foto: Stadtarchiv Dorsten)

▼ Glück auf!, grüßen die Kumpel von Fürst Leopold von ihrem blumengeschmückten Wagen, auf denen winzige Türme wahrhaftig qualmen und eine riesige Grubenlampe leuchtet. In dem Lorenwagen kann jeder sehen: Hier in Hervest, da wird „echt Kohle" gemacht!
(Foto: Maria Cirkel)

Jubel zum Jubiläum – die 700-Jahr-Feier 1951

▲ Auch die Dorstener Geschäftsleute präsentierten ihre Stärken beim Jubiläumszug. So setzte sich Foto Adrian mit diesem überdimensionierten Fotoapparat ins rechte Bild, den es im eigentlichen Laden allerdings nur um ein Vielfaches verkleinert zu kaufen gab.
(Foto: Josefine Sicking)

▶ „Gäb's keine Schuhmacher hiernieden, wär's Barfußlaufen uns beschieden", verkündeten Dorstens Schuhmacher auf ihrem Motivwagen, den ein riesengroßer Schuh dominiert. Den scheint sich die Jugend allerdings gerne anzuziehen – der Steppke jedenfalls fühlt sich in dem tollen Treter doch recht wohl.
(Foto: Stadtarchiv Dorsten)

Jubel zum Jubiläum – die 700-Jahr-Feier 1951

▶ Die Dorstener Wirtschaft präsentierte sich anlässlich der 700-Jahr-Feier Dorstens auf einer Leistungsschau. Viele Besucher kamen in das Messezelt, um hinter die Kulissen zu schauen und beeindruckt festzustellen: Es geht bergauf. Auch das Möbellager Lenert präsentierte sein Warensortiment „Von der Wiege bis zur Bahre."
(Fotos: Stadtarchiv Dorsten)

▶ Im Gleichschritt, marsch: Zum ersten Schützenfest nach dem Krieg im Dorstener Jubiläumsjahr 1951 konnten die Schützen ihre Parade auf einem Marktplatz abhalten, der von der völligen Zerstörung nur sechs Jahre zuvor nicht mehr viel erkennen ließ. „Dorsten hat die Schwelle einer neuen Entwicklung bereits überschritten", stellte Stadtdirektor Dr. Banke damals stolz fest.
(Foto: Maria Cirkel)

◀ Ordnung, Einigkeit und Frohsinn war der Motivdreiklang, der 1951 alle Schützen willkommen hieß. Die Schützen präsentierten vor dem Zelt im Lippetal das Gewehr, als ihre Regenten Theo Elsenbusch und die schöne Königin Hildegard Engel in Begleitung von Bürgermeister Schürholz (l.) an ihren Reihen vorbei schritten.
(Foto: Stadtarchiv Dorsten)

Weitere Bücher aus dem Wartberg Verlag für Ihre Region

**Dorsten – Gestern und heute –
Eine Gegenüberstellung**
von Ewald Setzer und Gerd Wallhorn
48 S., geb., zahlr. S/w-und Farbfotos
ISBN 3-86134-456-4

**Gladbeck – Ereignisreiche
Zeiten – Die 60er Jahre**
von Rainer Weichelt
72 S., geb., zahlr. S/w-Fotos
ISBN 3-8313-1204-4

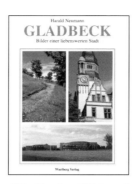

**Gladbeck – Bilder einer
liebenswerten Stadt**
von Harald Neumann
72 S., Großformat,
dtsch./engl./franz.
ISBN 3-86134-476-9

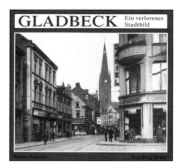

**Gladbeck – Ein verlorenes
Stadtbild**
von Rainer Weichelt
72 S., geb., zahl. historische
S/w-Fotos
ISBN 3-86134-249-9

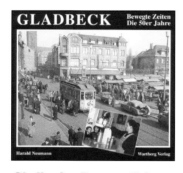

**Gladbeck – Bewegte Zeiten –
Die 50er Jahre**
von Harald Neumann
72 S., geb., zahlr. S/w-Fotos
ISBN 3-86134-387-8

**Dinslaken – Bewegte Zeiten –
Die 50er Jahre**
von Gisela Marzin
72 S., geb., zahlr. histor.
S/w-Fotos
ISBN 3-86134-302-9

Dinslaken – Wie es früher war
von Gisela M. Marzin
72 S., geb., zahlr. S/w-Fotos
ISBN 3-8313-1030-0

**Rundflug über das alte
Marl**
von Helmut Madynski
64 S., geb., zahlr. S/w-Fotos
ISBN 3-8313-1046-7

**Zeitreise durch das Ruhr-
gebiet – Ausflüge in die
Vergangenheit**
von Harald Neumann
80 S., geb., Großformat
illustriert
ISBN 3-86134-324-X

**Kindheit im Ruhrgebiet
in den 50er Jahren**
von Erich Borrmann
64 S., geb., Großformat
S/w-Fotos
ISBN 3-86134-310-X

Wartberg Verlag GmbH & Co. KG
Bücher für Deutschlands Städte und Regionen

Im Wiesental 1 · 34281 Gudensberg-Gleichen · Telefon (0 56 03) 9 30 50 · Fax (0 56 03) 30 83
www.wartberg-verlag.de